Bidaya

بداية

Reading Activity تدريبات القرءاة

الشيخ أحمد محمد الشيخي

Author
Ahmad Alsheikhi

الشيخ أحمد محمد الشيخي

Designed
Waleed Lutfe
@DesignBox
00962777413240

Edition 2020
ISBN: 978-1-5323-4059-8

Certificate of Registration

Registration Number
TX 8-272-835
Effective Date of Registration:
April 15, 2016

Acting United States Register of Copyrights and Director

Title
Title of Work: Bidaya
Previous or Alternate Title: BidayaBook, ?????

Completion/Publication
Year of Completion: 2016
Date of 1st Publication: January 09, 2016
Nation of 1st Publication: United States

Author
Author: Ahmed M. Al-Sheikhi
Author Created: text, artwork
Work made for hire: No
Citizen of: United States
Year Born: 1975

Copyright Claimant
Copyright Claimant: Ahmed M. Al-Sheikhi
9110 Beloit Avenue, Bridgeview, IL, 60455, United States

Certification
Name: Joyce Santos
Date: April 11, 2016
Applicant's Tracking Number: 42653536

Correspondence: Yes

Page 1 of 1

وسائل مساندة للكتاب
Supplementary Materials

Posters
ملصقات حائطية

Flash Cards
البطاقات التعليمية

Teacher Book
دليل المعلم

Mobile App.
تطبيقات للهواتف

Web Site
الموقع الإلكتروني

www.bidayabook.com

For more information visit our website **للحصول على معلومات أكثر زورا موقعنا**

www.bidayabook.com
bidaya book كتاب بداية
Email: bidayabook@gmail.com

Bidaya

بداية

تدريبات القراءة Reading Activity

الشيخ أحمد محمد الشيخي

Author

Ahmad Alsheikhi

الشيخ أحمد محمد الشيخي

Designed

Waleed Lutfe

@DesignBox

00962777413240

Edition 2020

ISBN: 978-1-5323-4059-8

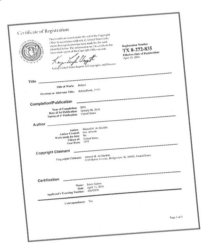

Certificate of Registration

Registration Number
TX 8-272-835
Effective Date of Registration:
April 15, 2016

Acting United States Register of Copyrights and Director

Title

Title of Work: Bidaya
Previous or Alternate Title: BidayaBook, ?????

Completion/Publication

Year of Completion: 2016
Date of 1st Publication: January 06, 2016
Nation of 1st Publication: United States

Author

Author: Ahmed M. Al-Sheikhi
Author Created: text, artwork
Work made for hire: No
Citizen of: United States
Year Born: 1975

Copyright Claimant

Copyright Claimant: Ahmed M. Al-Sheikhi
9110 Beloit Avenue, Bridgeview, IL, 60455, United States

Certification

Name: Joyce Santos
Date: April 11, 2016
Applicant's Tracking Number: 42653356

Correspondence: Yes

Page 1 of 1

For more information visit our website **للحصول على معلومات أكثر زورا موقعنا**

www.bidayabook.com

bidaya book كتاب بداية

Email: bidayabook@gmail.com

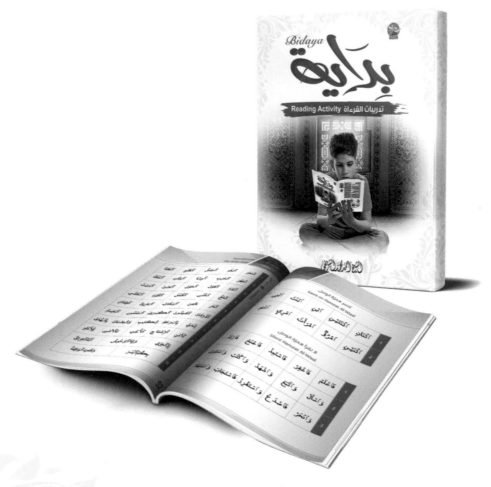

تنبيهات عامة في الكتاب

- اختيار الكلمات التي في الكتاب جاء من خلال الجمع بين منهجية تغطية حالات الدرس وكذلك مراجعة الدروس السابقة في نفس الكلمة .
- شكل السكون في الرسم العثماني (سٌ) في القرآن الكريم يختلف عن شكل السكون في رسم اللغة العربية الحرة (سْ).
- شكل التنوين: مكان تنوين الفتح في الرسم العثماني (بًا) في القرآن الكريم يوضع على الحرف الذي قبل الألف يختلف عن شكل تنوين الفتح في رسم اللغة العربية الحرة فإنه يوضع على الألف (باً).
- الألف القصيرة: شكل الألف القصيرة في القرآن هو خاص فقط في الرسم القرآني(كِتَٰبَ) وليست موجوده في كتب القراءة العربية في الاملاء الحديث (كِتَابَ).
- شكل الشدة: موقع حركة الكسرة على الشدة يختلف على حسب الرسم القرآني (تِّ،تِّ).
- رسم الياء الممدودة (المدية) في القرآن لا يوضع تحتها نقطتين (رُوحِى) بينما رسمها في كتب القراءة العربية في الاملاء الحديث بأن يوضع تحتها نقطتين (رُوحِي) .

General notes regarding the script in this workbook

- Each lesson›s words were carefully selected to cover all of the content taught in that lesson. Also, each lesson›s words were selected to serve as a review of content taught in the lesson itself as well as all preceding lessons.
- The shape of the sukoon in the ‹Uthmani Quranic Script (سٌ) is different than the shape of the sukoon in Modern Standard Arabic Script (سْ).
- The tanween fat-ha in Uthmani Quranic Script appears on the letter that immediately precedes the alif (بًا) whereas, in Modern Standard Arabic Script the tanween fat-ha appears on the alif itself (باً).
- The Short Alif (كِتَٰبَ) is a form of alif that is only found in Quranic Script. It is not found in Modern Standard Arabic Script (كِتَابَ) .
- The location of the kasra with respect the shaddah varies based on variations in Quranic Script (تِّ، تِّ).
- In Quranic Script the Long Yaa' does not have two dots below it, in Modern Standard Arabic Script the long Yaa' has two dots below (رُوحِى), but in Quranic Script the Long Yaa' does not have two dots below it (رُوحِي).

البــاب الأول
Chapter One

حروف الهجاء المفردة
The Arabic Alphabet
أشكال حروف الهجاء
حسب موقعها في الكلمة
Forms of the Alphabet
حروف الهجاء المركبة
Arabic Alphabet
Composition

الباب 1 Chapter 1

1	ب	ث	ا	ت	ح
2	خ	ج	ذ	ر	د
3	ز	ش	س	ط	ص
4	ظ	ض	ف	ع	ق
5	غ	ل	ن	ك	م
6	و	ي	هـ	ء	لا
7	ث	ذ	ظ	ق	ك
8	ب	ت	ن	ئ	ؤ
9	ل	ا	لا	ج	خ
10	غ	ع	ز	ر	هـ
11	ذ	د	ض	ص	ن
12	ق	ف	و	ش	س
13	د	ض	ظ	س	ص
14	ط	ت	ف	ث	ن
15	خ	غ	ذ	ظ	ع

أشكال حروف الهجاء حسب موقعها في الكلمة
Forms of the Alphabet

1	ا	بـ	ـت	ـثـ	ـب
2	ـتـ	ـجـ	ـحـ	ـد	ـخ
3	ـا	ـب	تـ	ـثـ	ـجـ
4	ح	ـذ	ـخـ	ـة	ـحـ
5	ـز	ـسـ	ـر	ـش	ـسـ
6	شـ	ط	ظ	صـ	ض
7	ط	ـصـ	ضـ	ظ	ص
8	عـ	ـغـ	ق	ف	ع
9	قـ	غ	ـفـ	ـغـ	ـعـ
10	لك	لـ	مـ	ـنـ	ـم
11	كـ	ـنـ	ـلـ	ـمـ	ـكـ
12	ـهـ	و	ـيـ	ـيـ	ـي
13	ـهـ	ـه	ـة	ـت	ة
14	ا	ء	أ	ـو	ـؤ
15	ي	ئ	ـئـ	لا	لأ

الدرس 2 أشكال حروف الهجاء حسب موقعها في الكلمة
Lesson 2 Forms of the Alphabet

1	تـ	عـ	لـ	ئـ	بـ
2	صـ	حـ	خـ	فـ	ثـ
3	نـ	غ	ط	قـ	جـ
4	عـ	مـ	سـ	ضـ	يـ
5	ـعـ	ـنـ	ـقـ	ـضـ	ط
6	ـفـ	ق	ـغـ	ـظـ	ـكـ
7	ـهـ	ئ	ـئـ	ـمـ	ـيـ
8	ـلـ	ض	و	ـحـ	ـثـ
9	ـث	ـلا	خ	ـا	(ـه ة)
10	ـت	ـة	ج	ـب	ح
11	ش	ـي	ـز	ـع	ـد
12	ص	أ	ـر	ـص	ـذ
13	بـ	ة	ـفـ	ـك	ـضـ
14	ـنـ	ـه	خ	ـحـ	ـشـ
15	هـ	ه	ظ	ـو	ك

حروف الهجاء المركبة (حرفين)
(Arabic Alphabet Composition) two letters

جـ ـت	ثـ ـن	تـ ـش	بـ ـا	لـ ـم	1
ر ع	ذ ه	د ر	خـ ـذ	حـ ـث	2
ضـ ـغ	صـ ـح	شـ ـظ	سـ ـل	ز غ	3
فـ ـد	غـ ـو	عـ ـر	ظـ ـم	طـ ـف	4
نـ ـض	مـ ـط	لـ ـس	كـ ـم	قـ ـد	5
تـ ـج	فـ ـق	يـ ـز	و ز	هـ ـص	6
طـ ـن	خـ ـب	قـ ـك	مـ ـة	لـ ـه	7
فـ ـئ	ثـ ـأ	سـ ـؤ	ئـ ـي	ا ء	8
د خ	تـ ـه	و د	ذ ة	كـ ـا	9
ل+إ=لإ	ل+أ=لأ	أل		ء ا	10

الباب Chapter 1

	1	جهر ثبت	سقط قضي	وقع
	2	نبذ حضر	رفث كتم	ترك
	3	غرس بسط	عرض ذرأ	حمل
	4	صدق نزل	وسط فرض	سكن
	5	مسك معه	يدك لمز	نزغ
	6	فتح عرج	أبق حكم	قتل
	7	هلك دخل	رفث طلع	ظهر
	8	صلح ضرب	فصل نظر	شرع
	9	نزغ ذهب	بعث نصح	سلك
	10	دفئ يئس	نؤت نشأ	أئؤ

البــاب الثاني
Chapter Two

حروف الهجاء
مع الحركات الثلاث
The Alphabet with
the 3 Short Vowel Marks
الحروف والكلمات مع الفتحة
Alphabet and Words with Fat-ha
الحروف والكلمات مع الكسرة
Alphabet and Words with Kasra
الحروف والكلمات مع الضمة
Alphabet and Words
with Dumma

الحروف مع الفتحة
The Alphabet with Fat-ha

حَ	جَ	ثَ	تَ	بَ	أَ
سَ	زَ	رَ	ذَ	دَ	خَ
عَ	ظَ	طَ	ضَ	صَ	شَ
مَ	لَ	كَ	قَ	فَ	غَ
هَ	ةَ	يَ	وَ	هَـ	نَ
		ـهَ	ـةَ		

الكلمات مع الفتحة
Words with Fat-ha (two letters)

1	رَمَ	أَيَ	زَكَ	دَنَ	وَقَ
2	بَحَ	نَجَ	تَخَ	يَدَ	شَذَ
3	نَفَ	ظَلَ	ثَرَ	لَكَ	سَعَ
4	ذَهَ	تَدَ	فَرَ	شَكَ	ضَعَ
5	عَصَ	كَمَ	نَخَ	يَعَ	مَشَ
6	حَقَ	لَفَ	جَنَ	هَرَ	ظَفَ
7	غَدَ	نَةَ	طَغَ	ضَرَ	ثَقَ
8	فَعَ	هَدَ	كَذَ	لَهَ	صَبَ
9	طَوَ	جَنَ	خَبَ	مَضَ	سَصَ
10	سَمَ	شَجَ	قَضَ	زَكَ	وَأَ

الكلمات مع الفتحة
Words with Fat-ha

1	خَسَفَ	نَبَذَ	سَلَفَ	كَتَمَ	ثَبَتَ
2	جَهَرَ	حَمَلَ	رَفَثَ	زَعَمَ	سَجَدَ
3	طَلَعَ	غَرَسَ	عَشَرَ	يَذَرَ	يَدَكَ
4	بَرَزَ	كَذَبَ	نَكَصَ	شَرَعَ	حَسَدَ
5	سَلَكَ	نَصَحَ	عَرَضَ	سَقَطَ	مَسَكَ
6	كَشَفَ	أَكَلَ	ثَأَرَ	بَدَأَ	نَشَأَ
7	فَفَسَقَ	وَذَكَرَ	وَرَفَعَ	فَبَعَثَ	فَأَخَذَ
8	وَصَدَفَ	فَسَجَدَ	وَكَفَرَ	فَسَفَرَ	شَجَرَةَ
9	فَشَطَرَ	فَجَعَلَ	فَخَرَجَ	وَوَضَعَ	فَجَدَلَ
10	فَوَكَزَ	وَأَمَرَ	وَصَبَرَ	وَغَفَرَ	فَأَمَرَكَ

الحروف مع الكسرة
The Alphabet with Kasra

حِ	جِ	ثِ	تِ	بِ	إِ
سِ	زِ	رِ	ذِ	دِ	خِ
عِ	ظِ	طِ	ضِ	صِ	شِ
مِ	لِ	كِ	قِ	فِ	غِ
هِ	ةِ	يِ	وِ	هـِ	نِ
		ـهِ	ـةِ		

الكلمات مع الكسرة (حرفين)
Words with Kasra (two letters)

1	إِذِ	تَقِ	هِيَ	صِرَ	مِنَ
2	لَكِ	بِمَ	أَنِ	جَةِ	مِهِ
3	لِيَ	قِفِ	حَزِ	يَجِ	شَإِ
4	عَنِ	أَمِ	بَلِ	عَصِ	سَلِ
5	سَئِ	خَشِ	صِفَ	سِعَ	بِكَ
6	هَةِ	طَعِ	قِوَ	رَضِ	يَلِ
7	نَدِ	فَهِ	لَذِ	حَمِ	بِسَ
8	مِرَ	بَثِ	وَجِ	سَفِ	طَرِ
9	فَنِ	هَلِ	نَةِ	عِهِ	أَوِ
10	قِبَ	سِرَ	ظِلَ	طِبَ	رِبَ

1	إِرَمَ	تَرَنِ	سَخِطَ	تَجِدَ	بَخِلَ
2	سَخِرَ	خَسِرَ	شِيَةَ	كَرِهَ	وَلَوِ
3	شِيَعِ	تَزِدِ	عِصَمِ	عَمِلَ	رَحِمَ
4	أَبَتِ	تَعِدِ	فَبِمَ	قِبَلِ	أَسِفَ
5	نَفِذَ	طَفِقَ	حَفِظَ	عَلِمَ	شَهِدَ
6	بَرِقَ	عِوَجَ	يَئِسَ	أَثَرِ	يَشَإِ
7	وَطِئَ	بَرِئَ	بِيَدِيَ	عَلِمَتِ	فَلَقِيَ
8	فَشَرِبَ	وَوَرِثَ	لَحَبِطَ	فَلَبِثَ	فَشَهِدَ
9	وَحَبِطَ	بَلَغَتِ	فَصَعِقَ	بِبَدَنِكَ	رَقَبَةِ
10	وَقَعَتِ	عَمَلِهِ	أَجَلِهِ	بَصَرِهِ	بِثَمَرِهِ

حُ	جُ	ثُ	تُ	بُ	أُ
سُ	زُ	رُ	ذُ	دُ	خُ
عُ	ظُ	طُ	ضُ	صُ	شُ
مُ	لُ	كُ	قُ	فُ	غُ
هُ	ةُ	يُ	وُ	هـُ	نُ
		ـهُ	ـةُ		

الكلمات مع الضمة (حرفين)
Words with Dumma (two letters)

1	تَكُ	قُلِ	خُذِ	فَمُ	عُمُ
2	يَدُ	أَبُ	بُعِ	سُلِ	ضُرِ
3	طُبِ	كِلُ	زِنُ	لَهُ	وُهُ
4	بَصُ	سَهُ	ضَعُ	غُدِ	أُسِ
5	تُرِ	ثُلِ	رِكُ	جُمِ	خُسِ
6	ظُلِ	ثِقُ	شُفِ	أُذُ	مَةُ
7	فِلُ	هُهُ	جَعُ	فَرُ	خَصُ
8	قُلُ	مُهُ	كُهُ	تُرِ	لَفُ
9	سُفَ	نُهُ	نَةُ	لُكُ	رُكَ
10	نُقِ	قُرُ	بُيِ	سُرُ	ضُهُ

الكلمات مع الضمة
Words with Dumma

1	خُلِقَ	حُشِرَ	ظُلِمَ	غَنَمُ	نُفِخَ
2	أُفِكَ	خَبُثَ	تُطِعِ	نَرِثُ	يَلِجُ
3	كِبَرُ	حِكَمُ	رُزِقَ	غُلِبَ	سُرُرُ
4	ذُكِرَ	صُحُفُ	ضُرِبَ	سُلِخَ	شُغُلِ
5	يَعِدُ	كُشِطَ	نِقَمُ	كُبِتَ	وُضِعَ
6	دُعِيَ	مَعَهُ	بَصُرَ	قِهِمُ	أُخِذَ
7	خُمُسَهُ	دُبُرَهُ	أَتذَرُ	فَطُبِعَ	سُدُسَهُ
8	شَجَرَةُ	عُنُقِكَ	ثُلُثَهُ	أَعِظُكَ	فَقُتِلَ
9	كَلِمَتُ	لِيُرِيَهُ	فَسَلَكَهُ	فَقَتَلَهُ	فَأَخَذَهُمُ

البــاب الثالث
Chapter Three

حروف الهجاء مع التنوين
Alphabet with Tanween
الحروف والكلمات
مع تنوين الفتح
Alphabet and Words with
Tanween Fat-ha
الحروف والكلمات مع تنوين الكسر
Alphabet and Words
with Tanween Kasra
الحروف والكلمات
مع تنوين الضم
Alphabet and Words
with Tanween Dumma

الحروف مع تنوين الفتح
Alphabet with Tanween Fat-ha

ءًا	بًا	تًا	ثًا	جًا	حًا
خًا	دًا	ذًا	رًا	زًا	سًا
شًا	صًا	ضًا	طًا	ظًا	عًا
غًا	فًا	قًا	كًا	لاً	مًا
نًا	هًا	وًا	يًا	ةً	ـةً

1	غَدًا	طَبَقًا	أَحَدًا	عَبَثًا	قِطَعًا
2	بَشَرًا	حَرَسًا	مَدَدًا	مَرَضًا	نُزُلًا
3	طَمَعًا	حَرَجًا	وَلَدًا	جُرُزًا	رَغَبًا
4	أَمَدًا	عَمَلًا	زُمَرًا	طَلَبًا	حَزَنًا
5	دَرَكًا	نَفَرًا	زَلَقًا	سُبُلًا	شُهُبًا
6	سَكَنًا	خَضِرًا	أَبَدًا	حَكَمًا	عَجَبًا
7	سَبَبًا	رَصَدًا	هَرَبًا	صَعَدًا	عَدَدًا
8	جُنُبًا	غَدَقًا	وَطَرًا	حِوَلًا	شَطَطًا
9	بَقَرَةً	نَخِرَةً	رَقَبَةً	حَفَظَةً	ثَمَرَةً

الحروف مع تنوين الكسر
The Alphabet with Tanween Kasra

حٍ	جٍ	ثٍ	تٍ	بٍ	ءٍ
سٍ	زٍ	رٍ	ذٍ	دٍ	خٍ
عٍ	ظٍ	طٍ	ضٍ	صٍ	شٍ
مٍ	لٍ	كٍ	قٍ	فٍ	غٍ
ـةً	ةً	يٍ	وٍ	هٍـ	نٍ

الكلمات مع تنوين الكسر
Words with Tanween Kasra

الباب 3 Chapter

1	نَبَإٍ	دُبُرٍ	حَدَبٍ	حَرَجٍ	بِأَخٍ
2	لِغَدٍ	سَفَرٍ	جُدُرٍ	ثَمَرٍ	فُرُشٍ
3	مَرَضٍ	فَزَعٍ	صُحُفٍ	طَبَقٍ	فَلَكٍ
4	جَبَلٍ	مَثَلٍ	بِدَمٍ	أُمَمٍ	أُخَرٍ
5	سَعَةٍ	مَلَكٍ	قُبُلٍ	ذَكَرٍ	دُبُرٍ
6	خُلُقٍ	نُسُكٍ	سُرُرٍ	أَجَلٍ	بَرَدٍ
7	جُنُبٍ	مَثَلٍ	سَفَرٍ	سُعُرٍ	سَبَإٍ
8	بِسَبَبٍ	بِرُسُلٍ	بِشَرَرٍ	بِثَمَنٍ	لِأَحَدٍ
9	وَرَقَةٍ	كَلِمَةٍ	بَرَرَةٍ	حَفَظَةٍ	كَشَجَرَةٍ

الحروف مع تنوين الضم
The Alphabet with Tanween Dumma

ءٌ	بٌ	تٌ	ثٌ	جٌ	حٌ
خٌ	دٌ	ذٌ	رٌ	زٌ	سٌ
شٌ	صٌ	ضٌ	طٌ	ظٌ	عٌ
غٌ	فٌ	قٌ	كٌ	لٌ	مٌ
نٌ	هـٌ	وٌ	يٌ	ةٌ	ـةٌ

الكلمات مع تنوين الضم
Words with Tanween Dumma

ثَمَرٌ	نَبَأٌ	أَخٌ	1
ظُلَلٌ	صَمَدٌ	حَرَجٌ	2
بَرَدٌ	جُرُزٌ	عَمَلٌ	3
سِنَةٌ	مَثَلٌ	سُرُرٌ	4
جَمَلٌ	قَلَمٌ	جَبَلٌ	5
حَزَنٌ	سُبُلٌ	حَكَمٌ	6
فَزَعٌ	جُدُرٌ	طَلَبٌ	7
أُمَمٌ	سَفَرٌ	سَكَنٌ	8

نُسُكٌ	خُلُقٌ	مَلَكٌ	9
فَلَكٌ	وَلَدٌ	قِطَعٌ	10
ذَكَرٌ	أَجَلٌ	سَعَةٌ	11
وَرَقَةٌ	فَعَجَبٌ	صَدَقَةٌ	12
رَقَبَةٌ	فَرَجُلٌ	بَقَرَةٌ	13
لَقَسَمٌ	حَفَظَةٌ	كَلِمَةٌ	14
حَسَنَةٌ	عَلَقَةٌ	نَظِرَةٌ	15

الباب الرابع
Chapter Four

حروف الهجاء مع السكون والشدة

The Alphabet with Sukoon and Shaddah

السكون

Sukoon

السكون على الواو ، الياء ، الهمزة

Sukoon on the Letters و , ي and ء

الشدة

Shaddah

السكون كلمة من حرفين
Sukoon (Words of Two Letters)

1	أَبْ	أَمْ	إِنْ	أُفْ	أَعْ
2	بَلْ	مِنْ	تَزْ	حَجْ	بِرْ
3	يَخْ	حَصْ	أَضْ	تَغْ	يَطْ
4	مَقْ	يَظْ	تَسْ	نَرْ	تَثْ
5	تَكْ	يَتْ	شُحْ	نَهْ	عُذْ
6	ءَأْ	رَأْ	كَأْ	نُؤْ	بِئْ

السكون مع الحركات الثلاثة
Sukoon with the 3 Short Vowel Marks

1	تُبْتُ	نِصْفُ	جَهْدَ	بِضْعَ	يَتُبْ
2	تُطِعْ	تُزِغْ	تَخَفْ	فَخُذْ	تَقُلْ
3	تَصْبِرُ	بُعْثِرَ	تُكْرِهُ	زُحْزِحَ	بِبَطْنِ

عَشْرٍ	حَرْدٍ	وَعْدٌ	طَلْحٍ	وَحْيٌ	1
بَغْتَةً	مُعْتَدٍ	سَبْحًا	عَدْنٍ	حَبْلٌ	2
بِرَحْمَةٍ	مَسْغَبَةٍ	مُزْدَجَرٌ	بِقَلْبٍ	وَرْدَةً	3

حرفين ساكنين في كلمة
Two Letter Words with Sukoon

يَسْمَعْ	تَقْهَرْ	تُشْرِكْ	تَنْهَرْ	يَفْعَلْ	1
فَأْذَنْ	أَشْهَدْ	تَحْرِصْ	تُعْرِضْ	تَسْطِعْ	2
يَسْتَكْبِرْ	فَأَسْقِطْ	بِأَسْكُمْ	نَقْتَبِسْ	يَقْطَعْ	3

السكون على الواو (كلمة من حرفين)
Sukoon on the Letter Waw (و) (Words of Two Letters)

جَوْ	ثَوْ	تَوْ	بَوْ	أَوْ
رَوْ	ذَوْ	دَوْ	خَوْ	حَوْ
ضَوْ	صَوْ	شَوْ	سَوْ	زَوْ
فَوْ	غَوْ	عَوْ	ظَوْ	طَوْ
نَوْ	مَوْ	لَوْ	كَوْ	قَوْ
	يَوْ	وَوْ	هَوْ	

السكون على الواو مع الحركات الثلاثة

Short Vowel Marks 3 wit the (و) Sukoon on the Letter Waw

1	سَوْفَ	قَوْلَ	حَوْلَ	عَتَوْ	أَتَوْكَ
2	يَرَوْنَ	رَأَوْكَ	سَوْءَةَ	دَعَوْتَ	نَوْمَكُمْ
3	يَصْلَوْنَ	لِزَوْجِكَ	فِرْعَوْنَ	يَرْضَوْنَهُ	مَوْعِدَهُمْ

السكون على الواو مع التنوين

Sukoon on the Letter Waw (و) with Tanween

1	فَوْجٌ	خَوْضٍ	غَوْرًا	رَوْحُ	طَوْعًا
2	قَوْلٌ	مَوْرًا	فَوْزًا	بِعَوْرَةٍ	كَوْكَبًا
3	قَوْلاً	هَوْنًا	طَوْلًا	قَوْمًا	صَوْمًا

أَيْ	بَـيْ	تَـيْ	ثَـيْ	جَـيْ
حَـيْ	خَـيْ	دَيْ	ذَيْ	رَيْ
زَيْ	سَـيْ	شَـيْ	صَيْ	ضَيْ
طَيْ	ظَـيْ	عَيْ	غَيْ	فَـيْ
قَـيْ	كَـيْ	لَـيْ	مَيْ	نَـيْ
	هَيْ	وَيْ	يَيْ	

السكون على الياء مع الحركات الثلاثة

Sukoon on the Letter Yaa' (ي) with the 3 Short Vowel Marks

1	عَلَيْكَ	شُعَيْبُ	يَدَيْهِ	جَيْبِكَ	رَمَيْتَ
2	ضَيْفِهِ	بَيْنَكَ	وَيْلَكَ	جَرَيْنَ	أَتَيْتَ
3	بِخَيْلِكَ	رَجُلَيْنِ	قَلْبَيْنِ	كِفْلَيْنِ	رَأَيْتَكَ

السكون على الياء مع التنوين

Sukoon on the Letter Yaa' (ي) with Tanween

1	شَيْءٍ	خَيْرٍ	غَيْثٍ	وَيْلٌ	عَيْنٍ
2	شَيْخًا	شَيْئًا	عَيْنًا	كَيْدًا	لَيْلًا
3	صَيْحَةً	عَيْلَةً	حُنَيْنٍ	شُعَيْبًا	رُوَيْدًا

السكون على الهمزة

Sukoon on the Letter Hamza (ء)

1	نَشَأْ	ضَأْنِ	يَأْمَنُ	وَأْمُرْ	شِئْتُمْ
2	رَأْفَةٌ	يَأْذَنْ	بَأْسُهُمْ	قَرَأْتَ	تَأْخُذُهُ
3	نُؤْتِهِ	يَأْذَنْ	لُؤْلُؤْ	نُؤْثِرُكَ	يَأْتِكُمْ

الشدة مع الفتحة (كلمة من حرفين)
Shaddah with Fat-ha (Words of Two Letters)

1	أَبَّ	صَبَّ	مَتَّ	وَثَّ	حَجَّ
2	شُحَّ	أَخَّ	قَدَّ	عَذَّ	بَرَّ
3	نَزَّ	مَسَّ	هَشَّ	رَصَّ	فَضَّ
4	قَطَّ	عَظَّ	سَعَّ	رَغَّ	وَفَّ
5	حَقَّ	أَكَّ	كَلَّ	أَمَّ	صَنَّ
6	سَوَّ	جَهَّ	عَيَّ	مِمَّ	ظَنَّ

الشدة مع الكسرة (كلمة من حرفين)
Shaddah with Kasra (Words of Two Letters)

1	حُبِّ	مَتِّ	عُثِّ	أُجِّ	وُجِّ
2	رُخِّ	بَدِّ	أُذِّ	شَرِّ	عَزِّ
3	أُسِّ	بَشِّ	حُصِّ	فُضِّ	قُطِّ
4	عُظِّ	سُعِّ	رُغِّ	شُفِّ	أُقِّ
5	وُكِّ	عَلِّ	عَمِّ	صُنِّ	طَهِّ
6	لُوِّ	غَيِّ	لِلِّ	حَرِّ	قَصِّ

الشدة مع الضمة (كلمة من حرفين)
Shaddah with Dumma (Words of Two Letters)

1	ظُنُّ	رَبُّ	مِتُّ	شَكُّ	حَقُّ
2	عَزُّ	لَيُّ	وَدُّ	هَمُّ	مَسُّ
3	ضَلُّ	حَجُّ	بِرُّ	بُدُّ	رَدُّ
4	حِلُّ	قَلُّ	صَلُّ	ضَرُّ	حُطُّ
5	فَكُّ	حَظُّ	قُصُّ	غَشُّ	أُتُّ
6	حَيُّ	حُرُّ	حُضُّ	سُرُّ	قَيُّ

الشدة مع الفتحة
Shaddah with Fat-ha

1	عَرَّفَ	طَهَّرَ	يَتَّقِ	كَذَّبَ	أَشَدَّ
2	مَسَّهُ	حَرَّمَ	خَفَّتْ	جَهَنَّمَ	تَطَّلِعُ
3	يُعَمَّرُ	تَقَوَّلَ	وَنَعَّمَهُ	حُجَّتَهُمْ	فَيُضِلَّكَ

37

الشدة مع الكسرة
Shaddah with Kasra

1	لِحُبِّ	فَصَلِّ	بَشِّرِ	يُبَيِّنُ	عُطِّلَتْ
2	يُعَظِّمْ	تُصَعِّرْ	يُخَفِّفَ	فَذَكِّرْ	نُفَضِّلُ
3	تُحَدِّثُ	يُؤَخِّرَ	سُجِّرَتْ	وَلِيُمَحِّصَ	فَسَنُيَسِّرُهُ

الشدة مع الضمة
Shaddah with Dumma

1	يَحُضُّ	يَوَدُّ	تَلَذُّ	تَحِلُّ	يَظُنُّ
2	أَهُشُّ	يَقُصُّ	يَدُعُّ	يَحُضُّ	أَحَقُّ
3	عَنِتُّمْ	تَخُطُّهُ	تَخَوُّفٍ	فَأُمُّهُ	يَمَسُّهُمُ

الشدة مع تنوين الفتح
Shaddah with Tanween Fat-ha

1	صَبًّا	دَعًّا	حَظًّا	رَجًّا	مَنًّا
2	أَزًّا	عَدًّا	غِلًّا	قُوَّةً	وَلِيًّا
3	عَفُوًّا	عَدُوًّا	زَكِيًّا	مُصْفَرًّا	شَرْقِيًّا

الشدة مع تنوين الكسر

Shaddah with Tanween Kasra

1	فَجٍّ	ضُرٍّ	أُفٍّ	رَقٍّ	شَكٍّ
2	غِلٍّ	شَرٍّ	رَبٍّ	مَرَدٍّ	بِغَمٍّ
3	عُتُوٍّ	خَفِيٍّ	فَظِلٍّ	مُسْتَمِرٍّ	عَبْقَرِيٍّ

الشدة مع تنوين الضمة

Shaddah with Tanween Dumma

1	حَقٌّ	صُمٌّ	شَكٌّ	صِرٌّ	كُلٌّ
2	أَشَرٌّ	فَطَلٌّ	عَدُوٌّ	مُضِلٌّ	غَوِيٌّ
3	لَعَفُوٌّ	لَقَوِيٌّ	لَعَلِيٌّ	مُسْتَقَرٌّ	عَرَبِيٌّ

الشدة والسكون في كلمة

Words with Shaddah and Sukoon

1	حُقَّتْ	تَمَّتْ	تَخَلَّتْ	رَبُّكُمْ	أَيُّكُمْ
2	سُعِّرَتْ	فُجِّرَتْ	أَخَّرَتْ	عُطِّلَتْ	سُجِّرَتْ
3	قَدَّمَتْ	يَخْتَصُّ	زُوِّجَتْ	كُوِّرَتْ	يَضُرُّكُمْ

1	دُرِّيٌّ	أُمِّيٌّ	لُجِّيٍّ
2	ذُرِّيَّةَ	يَصَّعَّدُ	إِنَّهُنَّ
3	يَشَّقَّقُ	يَطَّوَّفُ	بِرَدِّهِنَّ
4	طَلَّقَكُنَّ	فَلَيُبَتِّكُنَّ	فَلَيُغَيِّرُنَّ
5	نَتَوَفَّيَنَّكَ	لَأُزَيِّنَنَّ	لَنُبَوِّئَنَّهُمْ

البـاب الخامس

Chapter Five

حروف الهجاء
مع حروف المد الثلاثة
The Alphabet with the 3 Long
Vowel Marks
الألف الممدوده الطويلة والقصيرة
Long and Short Alif
الألف المقصورة
Alif Maqsura
الواو والياء الممدودتين
Long و and ي

1	سَنَا	كَانَ	سَارَ	فَازَ	تَابَ
2	خَابَ	رَانَ	قَامَ	زَاغَ	ضَاقَ
3	بَاءَ	طَافَ	صَامَ	خَافَ	مَاتَ
4	أَزَاغَ	يُحَادِدِ	يُدَافِعُ	مَثَانِيَ	خِتَامُهُ
5	ءَاثِمًا	حِجَابٍ	شِدَادُ	عَطَاءًا	شُوَاظٌ
6	إِلْيَاسَ	يَزْدَادَ	جَاءَتْكَ	مَوْلَانَا	عَلَيْنَا
7	إِنَّمَا	أَيَّانَ	مَشَّاءٍ	يُشَاقِّ	صَبَّارٍ
8	كُبَّارًا	وَهَّاجًا	فَجَّرْنَا	تُكَذِّبَانِ	نَجَّيْنَا
9	مِزَاجُهَا	كِلَاهُمَا	قَاسَمَهُمَا	زِلْزَالَهَا	نَضَّاخَتَانِ

الألف الممدودة القصيرة
Alif mamduda - Short Alif

1	كِتَـٰبَ	خَلِقُ	أَهَـٰنَنِ	مَقَـٰعِدَ	خِتَـٰمُهُ
2	مَسَـٰكِنَ	وَرُبَـٰعَ	رَوَٰسِيَ	كَذَٰلِكَ	كِتَـٰبُنَا
3	مِهَـٰدًا	لَسَـٰحِرٌ	كَـٰذِبَةٍ	لَوَٰقِعٌ	لَـٰغِيَةً
4	تُرَٰبًا	فَـٰكِهَةٍ	لَبَلَـٰغًا	تَفَـٰوُتٍ	وَٰلِدَةٌ
5	أَصْحَـٰبُ	بُرْهَـٰنَ	سُبْحَـٰنَ	نُقَـٰتِلُ	وَجَدْنَـٰهُ
6	أَعْمَـٰلًا	سُلْطَـٰنٍ	إِطْعَـٰمُ	وِلْدَٰنٌ	بِإِحْسَـٰنٍ
7	وَلَـٰكِنَّ	جَنَّـٰتٍ	بِظَلَّـٰمٍ	قَدَّرْنَـٰهُ	أَوْلَـٰدَهُنَّ
8	ءَايَـٰتِهِ	بَـٰرَكْنَا	رَٰسِيَـٰتٍ	أَبْصَـٰرُهَا	يَـٰوَيْلَنَا
9	رِسَـٰلَـٰتِ	قَـٰصِرَٰتُ	سَمَـٰوَٰتٍ	عَلَـٰمَـٰتٍ	خَطَـٰيَـٰكُمْ

الألف المقصورة
Alif Maqsura

1	عَسَىٰ	لَظَىٰ	يُرَىٰ	كَفَىٰ	نَادَىٰ
2	رَأَىٰ	عُلَىٰ	طَغَىٰ	سُوَىٰ	نُهَىٰ
3	أَلْقَىٰ	تَعْرَىٰ	مَأْوَىٰ	سَلْوَىٰ	مُثْلَىٰ
4	ذِكْرَىٰ	يَغْشَىٰ	سُكَٰرَىٰ	فَتَعَاطَىٰ	تَتَمَارَىٰ
5	سَوَّىٰ	غُزَّىٰ	تَوَلَّىٰ	لَشَتَّىٰ	تَصَدَّىٰ
6	تَمَنَّىٰ	فَصَلَّىٰ	فَغَشَّىٰ	فَتَلَقَّىٰ	يَتَمَطَّىٰ
7	يَتَوَٰرَىٰ	لِتُجْزَىٰ	لِلْعُسْرَىٰ	يَتَزَكَّىٰ	فَتَدَلَّىٰ
8	نَرَىٰكَ	تَلَىٰهَا	نَادَىٰنَا	أَحْصَىٰهَا	نَجَّىٰنَا

الواو الممدودة
Waw mamduda - Long Waw (و)

1	لَذُو	نُورُ	دُونِ	هُونِ	سُوءَ
2	عُوقِبَ	رُوحِهِ	تَقُومُ	أُوحِيَ	يُوسُفُ
3	زُورًا	بِسُورٍ	عُيُونٍ	جَزُوعًا	وُجُوهٌ
4	يَتْلُوهُ	مُغْنُونَ	تَرْجُونَ	مَوْلُودٌ	تَأْلَمُونَ
5	يُحِبُّونَ	يَقُصُّونَ	يَتَّبِعُونَ	يُكَذِّبُونَ	لَيُسَمُّونَ
6	فُومِهَا	رَٰعُونَ	شُورَىٰ	يُوحَىٰ	حُوتَهُمَا
7	بَادُونَ	دَاوُودَ	سَٰمِدُونَ	طُوبَىٰ	شُورَىٰ
8	يَتَّقُونَ	يَغُضُّونَ	لَتَعُودُنَّ	تَصُدُّونَا	تُحَاجُّونَ
9	يُوفُونَ	تُورُونَ	تُوعِدُونَ	يُؤْثِرُونَ	يَعُودُونَ

1	رِيحَ	لَفِى	وَذِى	أَخِى	حِينَ
2	حَرِيرَ	تَلِينُ	أُرِيدُ	عِزِينَ	يُجِيرُ
3	حَلِيمًا	قَدِيرُ	وَحِيدًا	مُحِيطٌ	عِيشَةٍ
4	لَفِيفًا	مُرِيبٍ	حَمِيدُ	شَهِيدًا	وَكِيلُ
5	يُزْجِى	نُصْحِى	قَوْمِى	كَيْدِى	عَيْنِى
6	يَأْتِى	يُؤْتِى	تَضْلِيلٍ	عِفْرِيتٌ	أَجْمَعِينَ
7	وَهُزِّى	قُصِّيهِ	يَهِدِّى	صِدِّيقًا	مُسَوِّمِينَ
8	نُجْزِى	جِيدِهَا	مَعَاذِيرَهُ	أَسَٰطِيرُ	سَٰجِدِينَ
9	نُوحِيهَا	أُوذِينَا	فَقُولِى	ءَاتُونِى	يَتِيهُونَ

البـاب السادس
Chapter Six

دروس مكملة
Complementary Lessons

همزة القطع وبعض أشكال الهمزة
Hamzah and its Forms
'and Hamzat Al-Qata

همزة الوصل Hamzat Al-Wasl

اللام القمرية The Lunar Laam

اللام الشمسية The Solar Laam

كلمات خاصة بالرسم القرآني
Special Words in the Quranic Script

الوقف على اخر الكلمة
Pausing at the End of a Word

علامات الوقف والضبط
Signs of pausing and Dhabt

الأصوات المتشابهة بين الحروف
Similar Sounding Letters

47

الهمزة منفردة على السطر

Hamza on the Line

1	شَاءَ	مَاءٍ	عَطَاءًا	ءَانَاءَ	رَءَاهُ
2	أَءِذَا	أَءِنَّا	أَءِلَهُ	ءَأَشْكُرُ	ءَأَشْفَقْتُمْ
3	ءَاتَوْهُ	قُرْءَانٌ	ءَاذَنَّكَ	بَرَاءَةٌ	أَرَءَيْتَكَ

الهمزة على الألف

Hamza on the Letter Alif (ا)

1	أَقُلْ	أَكِنَّةً	أَفَّاكٍ	أَوَّابٌ	يَشَأْ
2	تَفْتَأُ	بِإِذْنِ	أُقِّتَتْ	لِأَحَدٍ	وَيْكَأَنَّ
3	أَفَأَمِنَ	فَأَخَافُ	أَوْلِيَاءَ	أَشِدَّاءُ	فَأَجَاءَهَا

الهمزة على الواو

Hamza on the Letter Waw (و)

1	يُؤَاخِذُ	فَلْيُؤَدِّ	يُؤَخِّرَ	فُؤَادَكَ	مُؤَجَّلًا
2	هَاؤُمُ	مَاؤُهَا	أَحِبَّاؤُهُ	هَـٰؤُلَاءِ	تَؤُزُّهُمْ
3	يُؤْخَذُ	تُؤْمَرُ	لُؤْلُؤٌ	تُؤْوِى	رُؤْيَاكَ

الهمزة على الياء

Hamza on the Letter Yaa' (ي)

1	أَئِمَّةً	يَـئِسْنَ	سُئِلَتْ	خَزَائِنُ	تَطْمَئِنُّ
2	رِئَاءَ	لِئَلَّا	سِيئَتْ	خَاطِئَةٍ	بَرِيئًا
3	أُبَرِّئُ	يُبْدِئُ	شَيْءٌ	تُبَوِّئُ	دُعَاءِ

ضم همزة الوصل

Dumma on Hamzat Al-Wasl

1	ٱسْجُدْ	ٱذْكُرْ	ٱدْخُلِ	ٱحْلُلْ	ٱبْتُلِيَ
2	ٱضْمُمْ	ٱقْصُصْ	ٱعْبُدْ	ٱقْتُلْ	ٱغْضُضْ
3	ٱزْدُجِرَ	ٱضْطُرَّ	ٱقْنُتِى	ٱسْجُدِى	ٱذْكُرُنِى

كسر همزة الوصل

Kasra on Hamzat Al-Wasl

1	ٱصْبِرْ	ٱخْفِضْ	ٱطْمِسْ	ٱقْصِدْ	ٱرْجِعْ
2	ٱشْرَحْ	ٱجْعَلْ	ٱعْمَلْ	ٱدْفَعْ	ٱبْعَثْ
3	ٱقْتَرَبَ	ٱرْكَعِى	ٱرْحَمْنَا	ٱرْجِعُونِ	ٱسْتَقِيمَا

كسر همزة الوصل
Kasra on Hamzat Al-Wasl

1	ٱثْنَانِ	ٱثْنَتَيْنِ	ٱبْنِ	ٱبْنَتَ	ٱبْنِى
2	ٱثْنَيْنِ	ٱمْرُؤٌ	ٱمْرَأَتَ	ٱمْرِئٍ	ٱسْمَ

لا نقرأ همزة الوصل
Silent Hamzat Al-Wasl

1	فَٱعْلَمْ	فَٱغْفِرْ	فَٱسْتَعِذْ	فَٱجْنَحْ	فَٱرْتَدَّ
2	وَٱسْأَلْ	وَٱتَّبَعَ	وَٱشْهَدْ	وَٱكْتُبْ	وَٱسْتَوَىٰ
3	وَٱنْحَرْ	فَٱصْدَعْ	وَٱسْتَفْزِزْ	فَٱسْتَجَابَ	وَٱسْتَبَقَا

الباب 6 Chapter

اللام القمرية
The lunar laam

1	ٱلْحَجَرَ	ٱلْبَلَدِ	ٱلْجَمَلُ	ٱلْقَلَمِ	ٱلْعَقَبَةَ
2	ٱلْجَهْرَ	ٱلْحَرْبِ	ٱلْوِرْدُ	ٱلْوَقْتِ	ٱلْمُلْكُ
3	ٱلْيَوْمَ	ٱلْقَوْلَ	ٱلْحَوْلِ	ٱلْعَيْنَ	ٱلْغَيْبُ
4	ٱلْحَجُّ	ٱلْخُنَّسِ	ٱلْقُمَّلَ	ٱلْقُوَّةِ	ٱلْمُقَدَّسِ
5	ٱلْغَارِ	ءَآلْـَٰٔنَ	ٱلْوَهَّابُ	ٱلْبَارِئُ	ٱلْفِئَتَانِ
6	ٱلْفُرْقَانَ	ٱلْقَٰعِدُونَ	ٱلْكُبْرَىٰ	ٱلْمَعْمُورِ	ٱلْعَلِيمُ
7	لِلْحَقِّ	بِٱلْمَرْحَمَةِ	لِلْكَذِبِ	وَٱلْعِصْيَانَ	بِٱلْهُدَىٰ
8	ٱلْأَمْنِ	ٱلْإِصْبَاحِ	ٱلْأُخْتِ	بِٱلْأَمْسِ	لِلْأَنَامِ
9	إِنَّ ٱلْخِزْيَ	وَإِذَا ٱلْوُحُوشُ	أَنَّهُ ٱلْفِرَاقُ		
10	بِكُمُ ٱلْيُسْرَ	وَقَعَتِ ٱلْوَاقِعَةُ			

اللام الشمسية
The solar laam

1	ٱلدُّبُرَ	ٱلنِّصْفُ	ٱلرُّبُعُ	ٱلذَّهَبِ	ٱلنُّذُرُ
2	ٱلسَّحَرَةَ	ٱلسِّجْنَ	ٱلرُّشْدِ	ٱلصُّلْحُ	ٱلرَّجْفَةُ
3	ٱلتَّوْبَةُ	ٱلسَّوْءِ	ٱلطَّيْرُ	ٱلضَّأْنِ	ٱلرُّؤْيَةَ
4	ٱلظِّلَّ	ٱلرَّسِّ	ٱلذِّلَّةُ	ٱلذَّكَرُ	ٱلرُّكَّعِ
5	ٱلدَّاعِ	ٱلدُّنْيَا	ٱلضَّالِّينَ	ٱلشَّيْطَٰنُ	ٱلسَّمَٰوَٰتُ
6	ٱلشِّعْرَىٰ	ٱلرُّجْعَىٰ	ٱلنُّشُورُ	ٱلزَّٰرِعُونَ	ٱلسَّآئِلِينَ
7	لِلسُّحْتِ	كَٱلطَّوْدِ	بِٱلسِّنِّ	لِلطَّٰغِينَ	كَٱلظُّلَلِ
8	بِٱلسَّاهِرَةِ	فَٱلزَّٰجِرَٰتِ	وَٱلسَّلْوَىٰ	بِٱلرُّوحِ	بِالسِّنِينَ
9	إِنَّ ٱلشِّرْكَ	تُغْنِ ٱلنُّذُرُ	فِي ٱلتُّرَابِ	مِنَ ٱلذَّهَبِ	جَزَآءُ ٱلضِّعْفِ

رسم الهاء في القرآن (ـﮩ)

The Shape of the Letter (هـ) in the Quran (ـﮩ)

1	أَنْهَـٰرًا	أَنـهَارًا
2	لَهُنَّ	لَـهُنَّ
3	يَتَوَلَّهُمْ	يَتَوَلَّـهُـمْ

رسم الياء والميم في القرآن (يجـ، مجـ)

The Shape of the Letters (ي) and (م) in the Quran (يجـ، مجـ)

1	يُجِيبُ	يُجِيبُ
2	مُجِيبٌ	مُجِيبٌ
3	ٱلْمَدِينَةِ	ٱلْمَدِينَةِ

رسم الف التفريق في القرآن (اْ)

The Shape of Alif at-Tafreeq in the Quran (اْ)

1	كَفَرُواْ	كَفَرُو
2	كَانُواْ	كَانُو
3	لَصَالُواْ	لَصَالُو
4	يُؤْمِنُواْ	يُؤْمِنُو

رسم الالف المحذوفه على الواو (وٰ)

The Shape of the Short Alif on a Waw (وٰ)

1	ٱلصَّلَوٰةَ	ٱلصَّلَاةَ
2	ٱلزَّكَوٰةَ	ٱلزَّكَاةَ
3	وَمَنَوٰةَ	وَمَنَاةَ
4	ٱلْحَيَوٰةَ	ٱلْحَيَاةَ
5	ٱلنَّجَوٰةِ	ٱلنَّجَاةِ
6	بِٱلْغَدَوٰةِ	بِٱلْغَدَاةِ
7	كَمِشْكَوٰةٍ	كَمِشْكَاةٍ
8	ٱلرِّبَوٰاْ	ٱلرِّبَا

رسم الواو الصغيرة الزائدة (ـهُۥ)

The Shape of the Small Waw (ـهُۥ)

لَـهُو	لَـهُۥ	1
يَرَهُـو	يَرَهُۥ	2
وَثَاقَهُو	وَثَاقَهُۥ	3
عَذَابَـهُو	عَذَابَهُۥ	4
مِزَاجُـهُو	مِزَاجُـهُۥ	5
نَفْسُـهُو	نَفْسُـهُۥ	6

رسم الياء الصغيرة الزائدة (ـهِۦ)

The Shape of the Small Yaa' (ـهِۦ)

ءَايَـٰتِـهِي	ءَايَـٰتِهِۦ	1
رَحْـمَتِـهِي	رَحْمَتِهِۦ	2
وَلَدِهِي	وَلَدِهِۦ	3
أَجَلِـهِي	أَجَلِهِۦ	4
عِلْمِـهِي	عِلْمِهِۦ	5
نَفْسِـهِي	نَفْسِـهِۦ	6

رسم الألفات السبعة (أْ)

The Shape of the Seven Alifs (أْ)

أَنَا	أَنَاْ	1
لَـٰكِنَّا	لَـٰكِنَّاْ	2
ٱلظُّنُونَا	ٱلظُّنُونَاْ	3
ٱلسَّبِيلَا	ٱلسَّبِيلَاْ	4
ٱلرَّسُولَا	ٱلرَّسُولَاْ	5
قَوَارِيرَا	قَوَارِيرَاْ	6
سَلَـٰسِلَا	سَلَـٰسِلَاْ	7

رسومات أخرى في القرآن (يۡـ ، اْ ، صۜ)

Other Shapes that are Specific to Quranic Script (يۡـ ، اْ ، صۜ)

بِأَيْدٍ	بِأَيْيْدٍ	1
وَمَلَإِهِى	وَمَلَإِيْهِۦ	2
وَجِىٓءَ	وَجِاْىٓءَ	3
بَسْطَةً	بَصۜطَةً	4
ٱلْمُصَيْطِرُونَ	ٱلْمُصَيْطِرُونَ	5

الوقف على الفتحة

Stopping at the Vowel Fat-ha

سَيَعْلَمُونْ	كَلَّا سَيَعْلَمُونَ
قَدَّرْ	فَقُتِلَ كَيْفَ قَدَّرَ
أَبَابِيلْ	وَأَرْسَلَ عَلَيْهِمْ طَيْرًا أَبَابِيلَ

الوقف على تنوين الضم

Stopping at the Tanween Dumma

رَاضِيَهْ	لِسَعْيِهَا رَاضِيَةٌ
أَحَدْ	قُلْ هُوَ ٱللَّهُ أَحَدٌ
لَصَادِقْ	إِنَّمَا تُوعَدُونَ لَصَادِقٌ

الوقف على الشدة

Stopping at a Shaddah

بِرَبّْ	قُلْ أَعُوذُ بِرَبِّ ٱلْفَلَقِ
وَضَلّْ	وَضَلَّ عَنْهُم مَّا كَانُوا۟ يَفْتَرُونَ
لَدَىّْ	قَالَ لَا تَخْتَصِمُوا۟ لَدَىَّ

الوقف على التاء المربوطة

Stopping at Taa' Marboota (ة)

وَلَتَجِدَنَّهُمْ أَحْرَصَ ٱلنَّاسِ عَلَىٰ حَيَوٰةٍ	حَيَوٰهْ
إِنَّ ٱلصَّفَا وَٱلْمَرْوَةَ	ٱلْمَرْوَهْ
إِنَّ ٱللَّهَ لَا يَظْلِمُ مِثْقَالَ ذَرَّةٍ	ذَرَّهْ

الوقف على تنوين الكسر

Stopping at Tanween Kasra

تُسْقَىٰ مِنْ عَيْنٍ ءَانِيَةٍ	ءَانِيَهْ
كَفَّارٍ عَنِيدٍ	عَنِيدْ
أَوَّابٍ حَفِيظٍ	حَفِيظْ

الوقف على الهاء مع الواو الزائدة الصغيرة

Stopping at the Letter (هـ) with Small (و)

فَطَوَّعَتْ لَهُۥ نَفْسُهُۥ قَتْلَ أَخِيهِ	لَهْ
فَإِذَا سَوَّيْتُهُۥ وَنَفَخْتُ فِيهِ	سَوَّيْتُهْ
وَقَالَ قَرِينُهُۥ هَٰذَا مَا لَدَيَّ عَتِيدٌ	قَرِينُهْ

Lesson 19
الوقف على اخر الكلمة
Stopping on the end of the word

الباب 6 Chapter

الوقف على الهاء مع الياء الزائدة الصغيرة

Stopping at the Letter (ى) with small (ى)

فَأَثَرۡنَ بِهِۦ نَقۡعًا	بِهۡ
وَأُمِّهِۦ وَأَبِيهِ	وَأُمِّهۡ
وَصَٰحِبَتِهِۦ وَبَنِيهِ	وَصَٰحِبَتِهۡ

الوقف على التاء المفتوحة

Stopping at the Letter Taa' (ت)

أَصۡطَفَى ٱلۡبَنَاتِ عَلَى ٱلۡبَنِينَ	ٱلۡبَنَاتۡ
وَلَا ٱلظُّلُمَٰتُ وَلَا ٱلنُّورُ	ٱلظُّلُمَٰتۡ
يَوۡمَ نَقُولُ لِجَهَنَّمَ هَلِ ٱمۡتَلَأۡتِ	ٱمۡتَلَأۡتۡ

الوقف على الياء الممدودة

Stopping at the Long Yaa' (ى)

قَالَ رَبِّ ٱشۡرَحۡ لِى صَدۡرِى	صَدۡرِى
يَفۡقَهُواْ قَوۡلِى	قَوۡلِى
ٱشۡدُدۡ بِهِۦٓ أَزۡرِى	أَزۡرِى

الوقف على الواو الممدودة مع ألف التفريق

Stopping at the Long Waw (و) with Alif At-Tafreeq

يَمُنُّونَ عَلَيْكَ أَنْ أَسْلَمُواْ	أَسْلَمُو
قُلْ كُونُواْ حِجَارَةً أَوْ حَدِيدًا	كُونُو
وَإِذَا رَءَا ٱلَّذِينَ ظَلَمُواْ ٱلْعَذَابَ	ظَلَمُو

الوقف على تنوين الفتح

Stopping at the Tanween Fat-ha

وَٱلْجِبَالَ أَوْتَادًا	أَوْتَادَا
قُمِ ٱلَّيْلَ إِلَّا قَلِيلًا	قَلِيلَا
يَمْشُونَ عَلَى ٱلْأَرْضِ هَوْنًا	هَوْنَا

الوقف على الألف المقصورة

Stopping at the Alif Maqsura

عَلَّمَهُۥ شَدِيدُ ٱلْقُوَىٰ	ٱلْقُوَىٰ
ثُمَّ دَنَا فَتَدَلَّىٰ	فَتَدَلَّىٰ
وَأَنَّ سَعْيَهُۥ سَوْفَ يُرَىٰ	يُرَىٰ

الوقف على الألف المقصورة في وسط الكلمة

Stopping at the Alif Maqsura in the Middle of a word

وَٱلْقَمَرِ إِذَا تَلَـٰهَا	تَلَـٰهَا
فَأَلْهَمَهَا فُجُورَهَا وَتَقْوَىٰهَا	وَتَقْوَىٰهَا
وَلَا يَخَافُ عُقْبَـٰهَا	عُقْبَـٰهَا

الوقف على الالف الممدودة

Stopping at the Long Alif

فِى ٱلدُّنْيَا وَٱلْـَٔاخِرَةِ	ٱلدُّنْيَا
وَكَلِمَةُ ٱللَّهِ هِىَ ٱلْعُلْيَا	ٱلْعُلْيَا
ذِكْرُ رَحْمَتِ رَبِّكَ عَبْدَهُۥ زَكَرِيَّا	زَكَرِيَّا

علامات الوقف والضبط

Quranic recitation punctuation

﴿ وَلَا تَدۡعُ مَعَ ٱللَّهِ إِلَٰهًا ءَاخَرَۘ لَآ إِلَٰهَ إِلَّا هُوَ ﴾ القصص ٨٨ زُيِّنَ لِلَّذِينَ كَفَرُواْ ٱلۡحَيَوٰةُ ٱلدُّنۡيَا وَيَسۡخَرُونَ مِنَ ٱلَّذِينَ ءَامَنُواْۘ وَٱلَّذِينَ ٱتَّقَوۡاْ فَوۡقَهُمۡ يَوۡمَ ٱلۡقِيَٰمَةِ ﴾ البقرة ٢١٢	م
﴿ كُلَّمَا رُزِقُواْ مِنۡهَا مِن ثَمَرَةٖ رِّزۡقٗاۙ قَالُواْ هَٰذَا ٱلَّذِي رُزِقۡنَا مِن قَبۡلُ ﴾ البقرة ٢٥ ﴿ ٱلَّذِينَ تَتَوَفَّىٰهُمُ ٱلۡمَلَٰٓئِكَةُ طَيِّبِينَۙ يَقُولُونَ سَلَٰمٌ عَلَيۡكُمُ ٱدۡخُلُواْ ٱلۡجَنَّةَ بِمَا كُنتُمۡ تَعۡمَلُونَ ﴾ النحل ٣٢	لا
﴿ وَحَآجَّهُۥ قَوۡمُهُۥۚ قَالَ أَتُحَٰٓجُّوٓنِّي فِي ٱللَّهِ وَقَدۡ هَدَىٰنِۚ ﴾ يونس ٨٠ ﴿ وَهُوَ ٱلَّذِي يُنَزِّلُ ٱلۡغَيۡثَ مِنۢ بَعۡدِ مَا قَنَطُواْ وَيَنشُرُ رَحۡمَتَهُۥۚ وَهُوَ ٱلۡوَلِيُّ ٱلۡحَمِيدُ ﴾ الشورى٢٨	ج
﴿ إِنَّ فِي ذَٰلِكَ لَأٓيَةٗۖ وَمَا كَانَ أَكۡثَرُهُم مُّؤۡمِنِينَ ﴾ الشعراء ٨ وَلَا تَقۡرَبُواْ ٱلزِّنَىٰٓۖ إِنَّهُۥ كَانَ فَٰحِشَةٗ وَسَآءَ سَبِيلٗا ﴾ الاسراء ٣٢	صلى

قلى	﴿وَإِثۡمُهُمَآ أَكۡبَرُ مِن نَّفۡعِهِمَاۗ وَيَسۡـَٔلُونَكَ مَاذَا يُنفِقُونَ قُلِ ٱلۡعَفۡوَۗ﴾ البقرة ٢١٩ ﴿وَيُذۡهِبۡ غَيۡظَ قُلُوبِهِمۡۗ وَيَتُوبُ ٱللَّهُ عَلَىٰ مَن يَشَآءُۗ وَٱللَّهُ عَلِيمٌ حَكِيمٌ﴾ التوبة ١٥
ۛ	﴿قَالُواْ بَلَىٰ ۛ شَهِدۡنَآ ۛ أَن تَقُولُواْ يَوۡمَ ٱلۡقِيَٰمَةِ إِنَّا كُنَّا عَنۡ هَٰذَا غَٰفِلِينَ﴾ الاعراف ١٧٢ ﴿قَالَ فَإِنَّهَا مُحَرَّمَةٌ عَلَيۡهِمۡ ۛ أَرۡبَعِينَ سَنَةٗ ۛ يَتِيهُونَ فِي ٱلۡأَرۡضِ﴾ المائدة ٢٥
س	﴿مَآ أَغۡنَىٰ عَنِّي مَالِيَهۡۜ (٢٨) هَلَكَ عَنِّي سُلۡطَٰنِيَهۡ (٢٩)﴾ الحاقة ٢٨ ﴿وَقِيلَ مَنۡۜ رَاقٖ (٢٧) وَظَنَّ أَنَّهُ ٱلۡفِرَاقُ﴾ القيامة ٢٧
۩	﴿فَٱسۡجُدُواْ لِلَّهِۤ وَٱعۡبُدُواْ ۩﴾ النجم ٦٢ ﴿وَإِذَا قُرِئَ عَلَيۡهِمُ ٱلۡقُرۡءَانُ لَا يَسۡجُدُونَ ۩﴾ الانشقاق ٢١

الأصوات المتشابهة بين الحروف
Similar sounds among letters

س - ص	سَوْطَ صَوْتَ	حَرَسًا قَصَصًا	عَسَىٰ عَصَىٰ	أَسَرُّوا۟ أَصَرُّوا۟	يُسِرُّونَ يُصِرُّونَ
ح - هـ	صَرْحًا كَرْهًا	أَحْوَىٰ أَهْوَىٰ	فَٱحْكُم فَٱهْجُرْ	مَحْجُورًا مَهْجُورًا	ضُحَـٰهَا هُدَـٰهَا
ك - ق	هَلَكَ خَلَقَ	مَلَكًا زَلَقًا	أَكْثَرَ أَقْبَلَ	رِكَابٍ رِقَابٍ	يَكْتُبُونَ يَقْتُلُونَ
ظ - ض	ظَهَرَ ضَرَبَ	نَظْرَةً نَضْرَةً	حَفِيظًا مَرِيضًا	غَلِيظٍ عَرِيضٍ	فَظَلُّوا۟ فَضَلُّوا۟
ط - ت	سَقَطَ سَكَتَ	طَابَ تَابَ	صِرَٰطًا كِفَاتًا	خِطَابًا كِتَـٰبًا	سَوْطَ صَوْتَ

د - ض	هَدَىٰ مَضَىٰ	عَادٍ قَاضٍ	يَدْفَعُ يَضْرِبُ	فَرْدًا قَرْضًا	يُدَافِعُ يُضَاعِفُ
ف - ث	يَفْتَرُونَ يَثْنُونَ	تَلْقَفُ يَلْهَثْ	أَفْلَحَ أَثْمَرَ	صَدَفَ رَفَثَ	يُؤْفَكُ يُؤْثَرُ
خ - غ	يَخْلُقُ يَغْلُبُ	خَوْفًا غَوْرًا	خَيْرَ غَيْرَ	يَخْشَىٰ يَغْشَىٰ	خَائِبِينَ غَائِبِينَ
ء - ع	أَلَا عَلَىٰ	أَيْنَ عَيْنَ	يَنْـَٔوْنَ يَسْعَوْنَ	يَأْمُرُ يَعْمُرُ	تَأْلَمُونَ تَعْلَمُونَ
ذ - ظ	خُذْ حَظّ	ذَكَرَ ظَهَرَ	أَخْذًا حِفْظًا	يَذْهَبُونَ يَظْهَرُونَ	ٱلْكَٰذِبِينَ ٱلْكَٰظِمِينَ

تم بحمد الله